시즈의
일본어
손글씨

설렘 가득 사각사각 예쁜 손글씨

시즈의 일본어 손글씨

초판 발행 2018년 12월 10일 | **초판 4쇄** 2023년 3월 1일 | **글·손글씨** 김연진 | **발행인** 김태웅 | **책임편집** 길혜진, 이선민 | **디자인** 남은혜, 신효선 | **마케팅 총괄** 나재승 | **제작** 현대순 | **발행처** (주)동양북스 | **등록** 제 2014-000055호 | **주소** 서울시 마포구 동교로22길 14 (04030) | **구입 문의 전화** (02)337-1737 팩스 (02)334-6624 | **내용 문의 전화** (02)337-1762 dybooks2@gmail.com

ISBN 979-11-5768-457-1 13730
© 김연진, 2018

이 도서의 국립중앙도서관 출판예정도서목록(CIP)은 서지정보유통지원시스템 홈페이지(http://seoji.go.kr)와 국가자료공동목록시스템(http://www.nl.go.kr/kolisnet)에서 이용하실 수 있습니다.
(CIP제어번호:CIP2018037759)

설렘 가득 사각사각 예쁜 손글씨

시즈의
일본어
손글씨

글·손글씨 김연진

동양북스

차례

일상을 빛내는 손글씨

• 마음을 전하는 손글씨   • 시즈의 손글씨 스티커

 귀여운 일본어 손글씨 완성을 위한 단계별 연습

문자에서 시작하여 단어, 한자, 짧은 문장, 긴 문장으로 나아가는 연습 단계를 따라 가며 연습해요. 일본어 손글씨가 처음인 만큼 쓰기에 익숙해지기까지 시간이 조금 걸리겠지만 조급해 하지 말고 연습 순서에 따라 차근히 연습해 보세요.

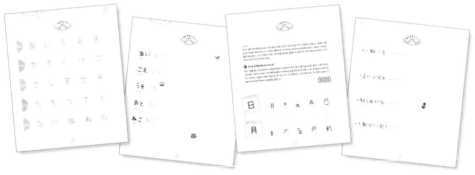

 많이 쓰이는 단어, 속담, 명언, 명대사로 느낌 있는 손글씨 연습

시즈의 일본어 손글씨는 재미있는 문장들로 구성되어 있어요. 마음을 움직이는 속담과 명언은 물론 명대사도 써 볼 수 있죠. 딱딱한 단어가 아닌 일상에서 활용 가능한 단어와 문장들로 재미있게 연습할 수 있어요.

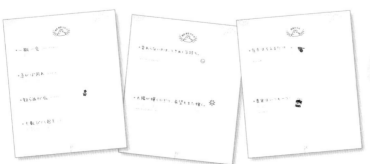

한 글자씩 쓰다
보면 나도 예쁜
손글씨 달인!

예쁜 손글씨로 감성 가득한 일상 꾸미기!

✿ 마음을 전하는 손글씨

소중한 사람에게 전하고 싶은 말이 있나요? '마음을 전하는 손글씨' 카드를 가족, 친구에게 선물해

보세요. 시즈의 손글씨 그대로 선물해도 좋고, 직접 손글씨를 써서 선물할 수도 있답니다.

✿ 시즈의 손글씨 스티커

예쁜 손글씨로 일상을 아기자기하게 꾸며 보세요!

시즈의 손글씨가 담긴 스티커로 다이어리를 장식한다면,

반복되는 매일이 조금 더 특별해질 거예요.

손글씨를
시작하며

✻ 일본어 손글씨에 빠지다
✻ 일본어 손글씨를 잘 쓰려면
✻ 좋은 필기구 선택하기

학창 시절, 글씨를 잘 쓰는 친구의 노트를 보고 부럽다고 생각했던 경험 한 번쯤 있으시죠? 저 역시 친구들의 글씨체를 부러워하는 학생 중 한 명이었습니다. 저는 조금 일찍, 초등학교 저학년 때부터 예쁜 글씨체에 관심이 많았는데요.

언제부터인가 마음에 드는 글씨체가 있으면 연필을 들고 무조건 따라 쓰는 따라쟁이가 되었습니다.

초등학교 3학년 때 뒤에 앉은 친구의 날렵한 글씨체를 따라 했던 게 그 시작이었던 것 같아요. 4학년 땐 친구 언니의 멋스러운 정자체에 꽂혀 따라 쓰기도 하고, 5학년 때는 친구가 써 준 편지의 귀여운 필기체를 보고 반해 또 따라 했어요. 6학년 때는 다시 한번 반듯한 정자체를 쓰는 친구를 만나 정자체를 썼다가, 중학생 때는 옆 자리에 앉은 친구의 네모반듯하고 또박또박한 글자를 따라 쓰기 시작했죠. 고등학생 때는 주로 예쁜 컴퓨터 폰트들을 따라 하며 노트 필기하는 재미에 푹 빠졌던 기억이 있습니다.

예쁜 한글 손글씨는 주변에서 손쉽게 접할 수 있었기에 일찍부터 관심을 가졌지만, 일본어 손글씨에 관심을 가지기까지는 조금 시간이 걸렸어요. 처음 일본어 공부를 시작했을 당시, 제가 알고 있던 일본어 글씨체는 책에 인쇄된 딱딱한 인쇄체뿐이었습니다. 귀여운 글씨체를 한 번도 눈으로 본 적이 없으니 일본어를 귀엽게 써야겠다는 생각조차 하지 못했던 것이죠.

그러던 어느 날! 일본 애니메이션 잡지를 휘리릭 넘겨 보는데 제 눈길을 확 사로잡는 것이 있었습니다. 바로 일본인이 직접 손으로 쓴 손글씨, 그것도 아주 귀여운 동글동글한 글씨였어요. 히라가나와 가타카나뿐만 아니라 심지어 한자까지 귀여운 게 아니겠어요? 그 글씨를 보는 순간 저의 따라쟁이 본능이 다시 불타올랐습니다. 이 글씨체를 내 것으로 만들어야겠다! 그리고 그날부터 예쁜 일본어 글씨체를 갖기 위한 피나는 연습이 시작되었습니다.

アイディアを
○人です。

ってるネタも
、平田さんが
ぶやいた
なってる
です
ね。

「G-○り」の
戦隊シリーズの
長官の名字が
メンバーの名字が
ゼロの「メイド」なの
たしなみでごさ
ますよという
ございます

私は○川」です♥
「星」です

はい絵銀 『マジ

挑戦した後の
失敗より
人を喜ばせる
by. M.

○○以上のは出ない

演説の天才と呼ばれていたル
る新聞記者に演説を
ました。

일본어 손글씨를 잘 쓰기 위해 제일 먼저 해야 할 일은 '모델'을 정하는 것이라고 생각해요. 아무런 기준이 없는 백지 상태에서 '예쁜 글씨'를 쓰려고 한다면 도대체 뭘 어떻게 써야 예쁜 글씨가 되는 건지 너무나 막막할 거예요. 우선은 예쁜 글씨들을 눈으로 많이 보고, 그 중 본인의 스타일의 글씨체를 모델로 정한 후 그 글씨를 많이 따라 해 보는 것이 시작이에요. 제가 학창 시절 친구들의 글씨를 열심히 따라 했던 것처럼 말이죠. 남의 글씨를 모방하는 걸 안 좋게 생각할 필요는 전혀 없어요. 직접 따라 해 보면 알겠지만, 아무리 모델과 똑같이 따라 쓰고 싶어도 본인 고유의 필체가 조금씩 묻어나게 됩니다. 모델 글씨체에 자신의 필체가 적절히 섞이다 보면 결국 나만의 글씨체가 만들어지는 것이죠.

따라 할 모델을 정했다면 다음에 할 일은 피나는 연습입니다. 글씨체도 일종의 '습관'이기 때문에 절대 쉽게 바뀌지 않아요. 모델 글씨 위에 직접 덧쓰기도 해 보고, 옆에 따라 쓰기도 해 보며 원하는 글씨체가 될 때까지 연습하세요. 많이 쓰면 쓸수록 손에도 익고 점점 자연스러운 글씨체가 된답니다. 저 또한 일본어 글씨 연습을 하며 수많은 노트와 펜을 사용했어요. '모델 정하기'와 '피나는 연습'은 일본어뿐만 아니라 모든 글씨 연습의 기본이 되는 내용이고요.

일본어를 잘 쓰기 위해 신경 써야 할 정말 중요한 것이 하나 있습니다. 그것은 바로 한자예요.

일본어 학습자라면 누구나 알고 있겠지만, 일본어는 가나(히라가나/가타카나)와 더불어 한자까지 사용하는 언어입니다. 가나를 아무리 예쁘게 써도 한자를 예쁘게 쓰지 못한다면 전체적인 문장이 예쁘게 보이지 않겠죠. 그렇기 때문에 자신의 가나 필체와 어울리는 한자를 쓰는 것이 중요합니다.

또한 한자의 필체 못지않게 중요한 것이 한자를 쓰는 크기입니다. 한자는 획이 적고 간단한 글자부터 획이 많고 복잡하게 생긴 글자까지 그 모양이 매우 다양한데요. 복잡한 한자를 쓰다 보면 글씨 크기가 두 배로 커진다는 이야기를 심심찮게 들을 수 있습니다.

글씨를 일정한 크기로 쓰는 것도 예쁜 글씨의 중요한 조건이라고 볼 수 있죠. 물론 컴퓨터가 아니니 완벽하게 일정할 수는 없지만 간단한 한자와 복잡한 한자의 크기 차이를 최대한 줄이는 것이 관건입니다.

한자를 예쁘게 쓰기 위해 선행되어야 할 조건은, 일단 한자 자체에 익숙해야 합니다. 한자가 너무 낯설어서 한 획 한 획 따라 그리는 수준이라면 '글씨를 쓴다'고 하기 어렵겠죠. 한자를 잘 알지는 못하더라도 최소한 기본적인 한자 정도는 '글씨답게' 쓸 줄 알아야 예쁘게 쓰는 연습도 수월하게 할 수 있답니다. 그러니 평소에 한자를 자주 자주 써 보며 한자 쓰는 감각을 손에 익혀 둔다면 글씨 연습에도 도움이 될 거예요.

일본어 손글씨가 깔끔한지 그렇지 않은지를 좌우하는 가장 큰 요인은 역시 복잡한 한자라고 생각해요. 앞서 말씀드린 대로 복잡한 한자를 쓰다 보면 주변의 다른 글씨보다 크게 써지는 경우가 많은데요. 복잡한 한자도 다른 글씨와 비슷한 크기로 쓰기 위해서는 그에 걸맞은 굵기의 펜을 선택하는 것이 중요합니다.

우선 원하는 크기로 가나와 간단한 한자들을 쓰다가 복잡한 한자를 하나 써 보세요. 크기가 갑자기 커졌다거나, 크기는 비슷한데 한자의 획이 다 겹쳤다면 좀 더 가는 펜을 선택하는 게 좋아요.

저는 평소 노트 필기를 할 때 글씨를 작게 쓰는 편이에요. 때문에 복잡한 한자도 작게, 섬세하게 쓰기 위해 최대한 가는 펜 위주로 사용하는데요. 잉크펜이라면 0.28~0.3mm를 가장 많이 쓰고, 볼펜의 경우에는 0.38mm를 사용합니다.

잉크펜을 사용하느냐, 볼펜을 사용하느냐에 따라서도 글씨가 달라집니다.

비교적 깔끔하고 또렷한 글씨를 쓸 수 있는 잉크펜은 또박또박 정성들인 글씨를 쓸 때 사용하고, 볼펜은 빠르게 필기하는 식으로 글씨를 쓸 때 사용해요. 물론 개인차가 있겠지만 제 경우는 볼펜으로는 또박또박 쓰기가 어렵더라고요.

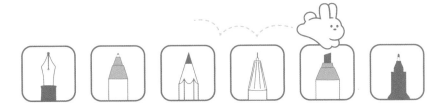

　또한 펜마다 필기감이 다른 점도 고려해야 할 부분입니다. 종이 위를 미끄러지듯 부드러운 필기감을 자랑하는 펜이 있는가 하면 연필로 쓰는 것처럼 약간 거친 필기감을 가진 펜도 있는데요. 필기감은 어디까지나 취향의 차이이므로 좋은 펜, 나쁜 펜을 판단하는 기준은 아니에요. 제 경우는 그날 그날 글씨가 잘 써지는 펜이 다르기 때문에 다양한 종류의 펜을 골고루 사용하고 있어요.

　'좋은 펜'이란 자신의 손에 잘 맞고 글씨가 가장 예쁘게 써지는 펜이에요. 비싸다고, 남들이 추천한다고 무조건 나에게 잘 맞지는 않아요. 그러니 직접 다양한 펜을 사용해 보며 나에게 잘 맞는 펜을 찾는 것도 예쁜 글씨를 쓰는 비결 중 하나라고 할 수 있습니다.

2

글자부터
차근차근

* 히라가나 쓰기
* 가타카나 쓰기
* 짤막 단어 쓰기 1
* 짤막 단어 쓰기 2

あ행	あ	い	う	え	お
か행	か	き	く	け	こ
さ행	さ	し	す	せ	そ
た행	た	ち	つ	て	と
な행	な	に	ぬ	ね	の

손글씨 워밍업!
천천히 따라
써 보세요~

は행　は　ひ　ふ　へ　ほ

ま행　ま　み　む　め　も

や행　や　　ゆ　　よ

ら행　ら　り　る　れ　ろ

わ행　わ　　を　　ん

가타카나 쓰기

ア행	ア	イ	ウ	エ	オ
カ행	カ	キ	ク	ケ	コ
サ행	サ	シ	ス	セ	ソ
タ행	タ	チ	ツ	テ	ト
ナ행	ナ	ニ	ヌ	ネ	ノ

직선과 꺾이는
부분에 신경 쓰며
연습해요~

ハ행　ハ　ヒ　フ　ヘ　ホ

マ행　マ　ミ　ム　メ　モ

ヤ행　ヤ　　　ユ　　　ヨ

ラ행　ラ　リ　ル　レ　ロ

ワ행　ワ　　　ヲ　　　ン

あい あい
사랑

こえ こえ
목소리

うそ うそ
거짓말

おと おと
소리

ねこ ねこ
고양이

ほし ほし
별

つゆ つゆ
장마

るす るす
집을 비움

わけ わけ
이유

むら むら
마을

어려운 단어는
다시 써 보세요~

へた へた
잘 못함, 서투름

かげ かげ
그림자

にじ にじ
무지개
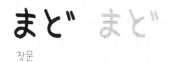

まど まど
창문

ちび ちび
꼬마

たび　たび
여행

すてき　すてき
멋짐

せかい　せかい
세계

いのち　いのち
생명

にこり　にこり
싱긋(웃는 모양)

ふうふ　ふうふ
부부

さくら　さくら
벚꽃

いちご　いちご
딸기

つぼみ　つぼみ
꽃봉오리

きずな　きずな
인연

かぞく　かぞく
가족

でんわ　でんわ
전화

ひよこ　ひよこ
병아리

こころ　こころ
마음

みかん　みかん
귤

かもめ かもめ

갈매기

きょり きょり

거리

かしゅ かしゅ

가수

はっぱ はっぱ

잎사귀

ざっし ざっし

잡지

りょうり　りょうり

요리

ぎゅっと　ぎゅっと

꽉

にゃんこ　にゃんこ

야옹이

おしゃれ　おしゃれ

멋을 냄, 멋쟁이

はをぬく　はをぬく

이를 빼다

작은 や, ゆ, よ
쓰기에 주의해요.

バナナ バナナ

바나나

レモン レモン

레몬

メロン メロン

멜론

オレンジ オレンジ

오렌지

パイナップル パイナップル

파인애플

パセリ　パセリ

파슬리

ピーマン　ピーマン

피망

カボチャ　カボチャ

호박

パプリカ　パプリカ

파프리카

キャベツ　キャベツ

양배추

귀여운 손글씨로
과일 이름을 써 봐요.

デザート　デザート
디저트

スイーツ　スイーツ
사탕, 과자 등 단것

プリン　プリン
푸딩

チョコレート　チョコレート
초콜릿

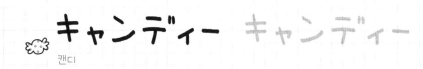
キャンディー　キャンディー
캔디

ケーキ　ケーキ

ケイク

ワイン　ワイン

와인

コーヒー　コーヒー

커피

ジュース　ジュース

주스

ヌードル　ヌードル

면, 누들

ベッド　ベッド
침대

パソコン　パソコン
컴퓨터(PC)

エアコン　エアコン
에어컨

フォーク　フォーク
포크

スプーン　スプーン
스푼

シャツ シャツ
셔츠

ニート ニート
니트

ワンピース ワンピース
원피스

イヤリング イヤリング
귀걸이

スマートフォン スマートフォン
스마트폰

コアラ コアラ

코알라

キツネ キツネ

여우

パンダ パンダ

판다

キリン キリン

기린

イルカ イルカ

돌고래

ペンギン　ペンギン

펭귄

ライオン　ライオン

사자

カンガルー　カンガルー

캥거루

ハムスター　ハムスター

햄스터

ハリネズミ　ハリネズミ

고슴도치

토끼는 ウサギ!
예쁘게 쓸 수
있을까?

アメリカ　アメリカ

미국

ベトナム　ベトナム

베트남

スペイン　スペイン

스페인

フィリピン　フィリピン

필리핀

シンガポール　シンガポール

싱가포르

チェコ チェコ
체코

ドイツ ドイツ
독일

フランス フランス
프랑스

ノルウェー ノルウェー
노르웨이

ヨーロッパ ヨーロッパ
유럽

3

힘을 내자, 한자 쓰기

- ✕ 기본 한자 쓰기
- ✕ 한자 단어 쓰기
- ✕ 한자 모아 쓰기

한자는 얼핏 보면 복잡해 보여도 자세히 들여다 보면 간단한 기본 글자들이 모여서 만들어져 있습니다. 때문에 기본 글자만 제대로 익혀도 한자 쓰기가 한결 수월해져요. 여기에서는 다른 한자의 일부분으로 많이 사용되는 기본 글자들을 연습해 봅니다. 정사각형에 가까운 기본 모양을 바탕으로 길쭉하게, 납작하게, 작게 변형되는 모양까지 다양하게 써 보며 한자와 친해져 보세요.

✿ 한자는 꼭 획순대로 써야 하나요?

한자 시험을 보는 경우라면 반드시 획순을 정확하게 외워야 하지만 단순히 예쁜 손글씨로 필기를 하기 위한 목적이라면 필수 사항은 아니에요. 다만 예쁜 글씨를 쓰기 위해서는 늘 일정한 순서로 쓰면서, 쓰는 감각을 손에 익혀 두는 것이 중요하죠. 처음부터 정확한 획순으로 익혀 두는 것이 가장 좋겠지만, 내 방식대로 쓰는 것이 편하고 글씨도 더 예쁘게 써진다면 무리해서 고칠 필요는 없답니다.

貝

財 負 買 則 慣

見

視 親 觀 覚 覽

田

細 町 界 猫 留

力

助 協 努 勉 莫

土	土	土	土	土
地	坂	其	経	圧

火	火	火	火	火
灯	秋	炎	灰	談

木	木	木	木	木
休	桜	森	本	楽

攵	攵	攵	攵	攵
攻	敬	数	厳	徹

土
火
木
攵

하품 흠

欠

欠 欠 欠 欠 欠

次 欲 飲 姿 盗

벼 화

禾

禾 禾 禾 禾 禾

私 秋 香 梨 透

말씀 언

言

言 言 言 言 言

語 読 這 誉 誓

여자 녀

女

女 女 女 女 女

始 案 安 数 怒

子

子　子　子　子　子

好　字　孝　孫　存

米

米　米　米　米　米

料　番　迷　断　奥

水

水　水　水　水　水

氷　泉　泳　線　蒸

心

心　心　心　心　心

耻　恋　応　愛　認

弓 활 궁
弓 弓 弓 弓 弓
強 弱 弟 費 沸

糸 실 사
糸 糸 糸 糸 糸
係 絵 玄 後 緊

冂 멀 경
冂 冂 冂 冂 冂
冒 物 場 偈 陽

斤 도끼 근
斤 斤 斤 斤 斤
所 新 斷 近 質

良	良	良	良	良
食	館	節	娘	響
衣	衣	衣	衣	衣
依	哀	袋	裏	表
母	母	母	母	母
每	海	梅	毒	苺
耳	耳	耳	耳	耳
取	聞	聖	最	職

良 어질 량

衣 옷 의

母 어미 모

耳 귀 이

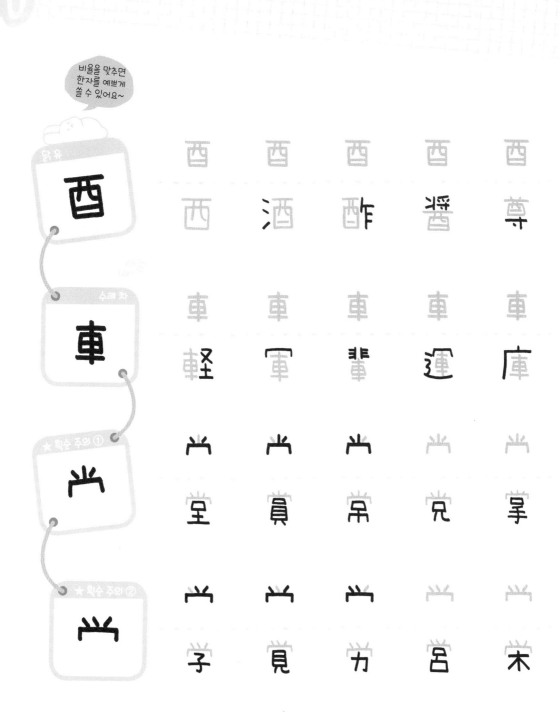

❀ 여러 가지 한자를 조립한 단어를 써 봐요.

기본 한자를 쓰는 연습을 마쳤으니 이제는 한자들을 조립해서 단어를 쓰는 연습을 해 봐요.
복잡한 모양의 한자들이 처음에는 어려워 보이겠지만 간단한 단어들을 눈으로 보고 손으로 따라 쓴다면 분명 더
친근하게 느껴질 거예요.

聿 ● 日   書く
          かく(쓰다)

宀 ● 女   安い
          やすい(싸다)

⺍ ● 子   学ぶ
          まなぶ(배우다)

✎ 자유롭게 연습하기

ひろい（넓다）

はなす（이야기하다）

おもう（생각하다）

まつ（기다리다）

食 ◦ 欠　飲 む
のむ（마시다）

한자들을 조립해서
하나의 단어를
만들어 봐요~

隹 • 辶 進む

すすむ (나아가다)

束 • 辶 速い

はやい (빠르다)

言 • 売 読む

よむ (읽다)

重 • 力 動く

うごく (움직이다)

食 • 反 ご飯

ごはん (밥)

シ	咸	減る
		へる(줄다)

単	戈	戦う
		たたかう(싸우다)

日	月	明るい
		あかるい(밝다)

女	子	好きだ
		すきだ(좋아하다)

白	木	楽しい
		たのしい(즐겁다)

羊 ◦ 大	美しい		

美しい
うつくしい(아름답다)

兴 ◦ 見 覚える
おぼえる(기억하다)

氵◦ 夬 決める
きめる(정하다)

門 ◦ 开 開ける
あける(열다) / ひらける(열리다)

走 ◦ 己 起きる
おきる(일어나다)

✎ 자유롭게 연습하기

 終わる

おわる(끝나다)

 集まる

あつまる(모이다)

 感じる

かんじる(느끼다)

 教える

おしえる(가르치다)

 晴れる

はれる(맑게 개다)

聿 ◦ 乂 　建てる

たてる((건물 등을) 짓다)

女 ◦ 市 　お姉さん

おねえさん(언니, 누나)

門 ◦ 耳 　聞こえる

きこえる(들리다)

广 ◦ 人 ◦ 土 　座る

すわる(앉다)

車 ◦ 又 ◦ 土 　軽い

かるい(가볍다)

✏ 자유롭게 연습하기

己 ⊕ 共 ⊕ 辶　選ぶ
えらぶ（고르다）

首 ⊕ 辶 ⊕ 寸　導く
みちびく（이끌다）

方 ⊕ 子 ⊕ 辶　遊ぶ
あそぶ（놀다）

臣 ⊕ 又 ⊕ 土　堅い
かたい（단단하다）

イ ⊕ 重 ⊕ 力　働く
はたらく（일하다）

土 ◦ 丸 ◦ 力　勢い
いきおい(기세)

立 ◦ 木 ◦ 斤　新しい
あたらしい(새롭다)

氵 ◦ 日 ◦ 皿　温かい
あたたかい(따뜻하다)

米 ◦ 女 ◦ 攵　数える
かぞえる((숫자를)세다)

走 ◦ 刀 ◦ 口　超える
こえる(넘다)

✎ 자유롭게 연습하기

矛 ◦ 夂 ◦ 力　　務める

つとめる(근무하다)

言 ◦ 刃 ◦ 心　　認める

みとめる(인정하다)

艹 ◦ 世 ◦ 木　　葉っぱ

はっぱ(잎사귀)

苟 ◦ 夂 ◦ 馬　　驚かす

おどろかす(놀라게 하다)

艹 ◦ 罒 ◦ 夕　　夢みる

ゆめみる(꿈꾸다)

이제는 복잡한
한자도 예쁘게
쓸 수 있어요.

🌸 **예쁜 문장 쓰기를 위한 전 단계, 작은 글씨로 한자 써 보기**

일본어 손글씨에서 한자는 떼려야 뗄 수 없는 요소이죠. 일본도 우리와 마찬가지로 한자 문화권이기 때문에 언어 깊숙이 한자가 스며 있어요. 그래서 히라가나나 가타카나뿐만 아니라 한자를 쓸 때에도 주의를 기울여야 해요. 여기서는 본격적인 문장 연습을 하기 전에 작게 쓰인 한자들만 모아서 쓰기 연습을 합니다. 손끝에 주의를 기울이면서 한 획 한 획 예쁘게 써 보세요.

与　与　与
줄 여

君　君　君
임금 군

匂　匂　匂
향내 내

別　別　別
나눌 별

未　未　未
아닐 미

花　花　花
꽃 화

巡　巡　巡
돌 순

希　希　希
바랄 희

✏️ 자유롭게 연습하기

屆 届 届			幸 幸 幸		
이를 계			다행 행		
奇 奇 奇			呼 呼 呼		
기특할 기			부를 호		
念 念 念			挑 挑 挑		
생각 념			돋울 도		
步 步 步			変 変 変		
걸음 보			변할 변		
服 服 服			飛 飛 飛		
옷 복			날 비		
実 実 実			笑 笑 笑		
열매 실			웃음 소		
知 知 知			映 映 映		
알 지			비칠 영		

勇　勇　勇
날랠 용

追　追　追
쫓을 추

虹　虹　虹
무지개 홍

降　降　降
내릴 강

恐　恐　恐
두려울 공

旅　旅　旅
나그네 려

消　消　消
사라질 소

時　時　時
때 시

殘　殘　殘
남을 잔

眞　眞　眞
참 진

借　借　借
빌릴 차

胸　胸　胸
가슴 흉

理　理　理
다스릴 리

粒　粒　粒
낟알 립

자유롭게 연습하기

産 産 産	街 街 街
낳을 산	거리 가
深 深 深	間 間 間
깊을 심	사이 간
張 張 張	過 過 過
베풀 장	지날 과
轉 轉 轉	渡 渡 渡
구를 전	건널 도
彩 彩 彩	搖 搖 搖
채색 채	흔들 요
探 探 探	福 福 福
찾을 탐	복 복
現 現 現	扉 扉 扉
나타날 현	사립문 비

遠	遠	遠		想	想	想
멀 원				생각 상		
勝	勝	勝		頑	頑	頑
이길 승				완고할 완		
握	握	握		傘	傘	傘
질 악				우산 산		
然	然	然		準	準	準
그럴 연				준할 준		
道	道	道		意	意	意
길 도				뜻 의		
雲	雲	雲		溢	溢	溢
구름 운				넘칠 일		
落	落	落		跡	跡	跡
떨어질 락				발자취 적		

✏️ 자유롭게 연습하기

違 違 違
어긋날 위

暮 暮 暮
저물 모

僕 僕 僕
종 복(남성 일인칭 명사 ぼく)

噓 噓 噓
거짓말 허

誰 誰 誰
누구 수

編 編 編
엮을 편

頰 頰 頰
뺨 협

願 願 願
원할 원

闇 闇 闇
숨을 암

濡 濡 濡
적실 유

離 離 離
떠날 리

瞬 瞬 瞬
눈 깜짝일 순

顔 顔 顔
얼굴 안

光軍 光軍 光軍
빛날 휘

한 걸음 더,
문장 쓰기

인사말 쓰기

- こんにちは　안녕하세요(낮 인사)
  こんにちは

- バイバイ　바이바이
  バイバイ

- ごめんなさい　미안해요
  ごめんなさい

- 大丈夫です　괜찮아요
  大丈夫です

- おめでとう 축하해
  おめでとう

- ありがとう 고마워
  ありがとう

- おやすみ 잘 자
  おやすみ

- 元気にしてる? 잘 지내?
  元気にしてる?

- お大事に　몸조리 잘 하세요

お大事に

- お疲れ様でした　수고 많으셨어요

お疲れ様でした

- 行ってきます　다녀오겠습니다

行ってきます

- 行ってらっしゃい　다녀오세요

行ってらっしゃい

- よろしくお願いします 　잘 부탁드립니다
  よろしくお願いします

- よいお年を 　연말 잘 보내세요
  よいお年を

- メリークリスマス 　메리 크리스마스
  メリークリスマス

- 明けましておめでとう 　새해 복 많이 받아(신년 인사)
  明けましておめでとう

연하장,
크리스마스 카드를
손글씨로 꾸며요.

- 舟を編む　배를 엮다

  舟を編む

- 天国の本屋　천국의 책방

  天国の本屋

- 耳をすませば　귀를 기울이면

  耳をすませば

- 四月は君の嘘　4월은 너의 거짓말

  四月は君の嘘

- 海よりもまだ深く 바다보다도 더 깊게

海よりもまだ深く

- 亀は意外と速く泳ぐ 거북이는 의외로 빨리 헤엄친다

亀は意外と速く泳ぐ

- 僕らは奇跡でできている 우리들은 기적으로 이루어져 있다

僕らは奇跡でできている

- 泣かないと決めた日 울지 않기로 정한 날

泣かないと決めた日

- 心が叫びたがってるんだ　마음이 외치고 싶어 해

心が叫びたがってるんだ

- 最高の人生の見つけ方　최고의 인생을 발견하는 법

最高の人生の見つけ方

- 世界から猫が消えたなら　세상에서 고양이가 사라진다면

世界から猫が消えたなら

- 逃げるは恥だが役に立つ　도망치는 건 부끄럽지만 도움이 된다

逃げるは恥だが役に立つ

- 世界の中心で、愛をさけぶ 세상의 중심에서 사랑을 외치다

世界の中心で、愛をさけぶ

- ちょっと今から仕事やめてくる 잠깐만 회사 좀 관두고 올게

ちょっと今から仕事やめてくる

- さよならの朝に約束の花をかざろう

さよならの朝に約束の花をかざろう

이별의 아침에 약속의 꽃을 장식하자

- 雨の日は会えない、晴れた日は君を想う

雨の日は会えない、晴れた日は君を想う

비 오는 날은 만날 수 없어, 맑은 날은 너를 생각해

- 一 期 一 会　일생에 한 번만 만나는 인연

　一 期 一 会

- 急 が ば 回 れ　급할수록 돌아가라

　急 が ば 回 れ

- 知らぬが仏　모르는 게 약이다

　知らぬが仏

- 七 転 び 八 起 き　칠전팔기

　七 転 び 八 起 き

- 負けるが勝ち　지는 것이 이기는 것

負けるが勝ち

- 親の心子知らず"　부모 마음을 자식은 모른다

親の心子知らず"

- 雨降って地固まる　비 온 뒤에 땅이 굳는다

雨降って地固まる

- 石橋をたたいて渡る　돌다리도 두들겨 보고 건너라

石橋をたたいて渡る

- 魚心あれば水心　오는 정이 있어야 가는 정이 있다

  魚心あれば水心

- 親しき仲にも礼儀あり　친한 사이에도 예의는 지켜야 한다

  親しき仲にも礼儀あり

- 会うは別れの始め　만남은 헤어짐의 시작

  会うは別れの始め

- 好きこそ物の上手なれ　좋아서 하는 일이 곧 숙달하는 길이다

  好きこそ物の上手なれ

- 千里の道も一歩より　천 리 길도 한 걸음부터

千里の道も一歩より

- 目は口ほどに物を言う　눈은 입만큼 말을 한다

目は口ほどに物を言う

- 猫の手も借りたい　고양이 손이라도 빌리고 싶다('몹시 바쁘다'는 뜻)

猫の手も借りたい

- 天は自ら助くる者を助く　하늘은 스스로 돕는 자를 돕는다

天は自ら助くる者を助く

- 変わらないのは、ときめく気持ち。

変わらないのは、ときめく気持ち。

변하지 않는 것은 설레는 마음.

- 太陽が輝くかぎり、希望もまた輝く。

太陽が輝くかぎり、希望もまた輝く。

태양이 빛나는 한 희망도 다시 빛난다.

• すべての不幸は未来への踏み台にすぎない。

すべての不幸は未来への踏み台にすぎない。

모든 불행은 미래를 위한 발판에 불과하다.

• 挑戦した後の失敗より、何もしない事を恐れろ。

挑戦した後の失敗より、何もしない事を恐れろ。

도전한 뒤의 실패보다 아무것도 하지 않는 것을 두려워하라.

마음을
움직이는 문장들을
써 봐요.

- 今日という日は、
  残りの人生の最初の日である。

오늘은 남은 인생의 첫날이다.

今日という日は、
残りの人生の最初の日である。

- 努力する人は希望を語り、
  怠ける人は不満を語る。

노력하는 사람은 희망을 이야기하고, 게으름 피우는 사람은 불만을 이야기한다.

努力する人は希望を語り、
怠ける人は不満を語る。

● 下を向いていたら、
虹を見つけることは出来ないよ。

아래를 보고 있으면 무지개를 발견할 수 없어.

下を向いていたら、
虹を見つけることは出来ないよ。

● 光の中を一人で歩くより、
暗闇の中を友人と歩くほうがいい。

빛 속을 혼자서 걷기보다, 어둠 속을 친구와 걷는 쪽이 낫다.

光の中を一人で歩くより、
暗闇の中を友人と歩くほうがいい。

- ひとつのドアが閉まっている時、
  もっとたくさんのドアが開いているんだよ。

하나의 문이 닫혀 있을 때, 더욱 많은 문이 열려 있는 거야.

ひとつのドアが閉まっている時、
もっとたくさんのドアが開いているんだよ。

- 恋愛が与える最大の幸福は、
  愛する人の手をはじめて握ることである。

연애가 주는 최대의 행복은 사랑하는 사람의 손을 처음으로 잡는 것이다.

恋愛が与える最大の幸福は、
愛する人の手をはじめて握ることである。

- 敵 に 勝つ よりも、もっと 大事 な こと は
  常 に 自分 を レベル アップ する こと。↑↑↑

적에게 이기는 것보다도 더욱 중요한 것은 항상 자신을 레벨업하는 것.

敵 に 勝つ よりも、もっと 大事 な こと は
常 に 自分 を レベル アップ する こと。

- 勇気 とは、恐怖心 を 抱いて いない こと で は なく、
  恐怖心 を 抱いて いても 行動 する 度胸 が ある こと だ。

용기란, 공포심을 갖고 있지 않은 것이 아니라 공포심을 갖고 있으면서도 행동하는 배짱이 있는 것이다.

勇気 とは、恐怖心 を 抱いて いない こと で は なく、
恐怖心 を 抱いて いても 行動 する 度胸 が ある こと だ。

- 左手はそえるだけ…。

左手はそえるだけ…。

왼손은 거들 뿐….

- 真実はいつも一つ!

真実はいつも一つ!

진실은 언제나 하나!

- 自分の名前を大事にね。

자신의 이름을 소중히 하렴.

- チャンスは、準備された心に降り立つ。

찬스는 준비된 마음에 내려선다.

소중한 사람에게
손글씨로 메시지를
전해 봐요.

- ピンチの時には必ずヒーローが現れる。

ピンチの時には必ずヒーローが現れる。

위험할 때는 반드시 영웅이 나타난다.

- この世に偶然はない、あるのは必然だけ。

この世に偶然はない、あるのは必然だけ。

이 세상에 우연은 없어, 있는 것은 필연뿐.

• 才能は開花させるもの、センスは磨くもの。

才能は開花させるもの、センスは磨くもの。

재능은 피워내는 것, 센스는 갈고 닦는 것.

• 人が恋に落ちる瞬間をはじめて見てしまった。

人が恋に落ちる瞬間をはじめて見てしまった。

사람이 사랑에 빠지는 순간을 처음으로 보고 말았다.

- 意味のないことを
たくさんするのが人生なんじゃよ。

의미가 없는 일을 잔뜩 하는 게 인생인 거야.

意味のないことを
たくさんするのが人生なんじゃよ。

- ようやく守らなければならないものが
できたんだ。君だ。

이제서야 지켜야만 하는 것이 생겼어. 너야.

ようやく守らなければならないものが
できたんだ。君だ。

- 思ったとおりにならなかった
  楽しさというのもあるものさ。

생각한 대로 되지 않은 즐거움이란 것도 있는 거야.

思ったとおりにならなかった
楽しさというのもあるものさ。

- 「負けたことがある」というのが、
  いつか大きな財産になる。

'져 본 적이 있다'는 것이 언젠가 큰 재산이 된다.

「負けたことがある」というのが、
いつか大きな財産になる。

- 毎日の小さな努力のつみ重ねが、
歴史を作っていくんだよ！

매일 쌓는 작은 노력이, 역사를 만들어 가는 거야!

毎日の小さな努力のつみ重ねが、
歴史を作っていくんだよ！

- いいじゃないか、転んだって。
また起き上がればいいんだから。

괜찮잖아. 넘어져도. 다시 일어나면 되니까.

いいじゃないか、転んだって。
また起き上がればいいんだから。

- 人間の値うちは、テストの点数だけで
きまるものじゃないのよ。

사람의 가치는 시험 점수만으로 정해지는 게 아니야.

人間の値うちは、テストの点数だけで
きまるものじゃないのよ。

- 名前を呼ばれたあの瞬間、
私はもう恋に落ちていたんだな。

이름을 불린 그 순간, 나는 이미 사랑에 빠져 있었던 거야.

名前を呼ばれたあの瞬間、
私はもう恋に落ちていたんだな。

- 誰にも見られてなくても
  気づかれない努力だとしても
  それでも頑張ることって大切だと思うんです。

아무도 봐 주지 않더라도, 알아주지 않는 노력이라 할지라도, 그래도 열심히 하는 건 중요하다고 생각해요.

誰にも見られてなくても
気づかれない努力だとしても
それでも頑張ることって大切だと思うんです。

• きみは かんちがいしてるんだ。
道をえらぶということは かならずしも歩きやすい
安全な道をえらぶことじゃないんだぞ。

너는 착각하고 있어. 길을 고른다는 것은 반드시 걷기 편한 안전한 길을 고른다는 게 아니야.

きみは かんちがいしてるんだ。
道をえらぶということは かならずしも歩きやすい
安全な道をえらぶことじゃないんだぞ。

- 自分の信じる通りやってごらん。でもなあ、
  人と違う生き方は、それなりにしんどいぞ。
  何が起きても、誰のせいにもできないからね。

자신이 믿는 대로 해 보렴. 하지만 남과 다른 삶은 그만큼 힘들단다. 무슨 일이 일어나도 누구의 탓도 할 수 없으니까.

自分の信じる通りやってごらん。でもなあ、
人と違う生き方は、それなりにしんどいぞ。
何が起きても、誰のせいにもできないからね。

何かを探すんだったら道をまちがえちゃいけないよ。
ひとつでも まちがえると もう見つからないよ。
でも まちがっても大丈夫。別なものが見つかるから。

무언가를 찾는 거라면 길을 틀려선 안 돼. 하나라도 틀리면 더이상 찾을 수 없어. 하지만 틀려도 괜찮아. 다른 게 발견되니까.

何かを探すんだったら道をまちがえちゃいけないよ。
ひとつでも まちがえると もう見つからないよ。
でも まちがっても大丈夫。別なものが見つかるから。

이제는 긴 문장도
잘 쓸 수 있어요.

UTADA HIKARU - 道(길)

검은 파도 저편에 아침의 기운이 느껴져 / 사라지지 않는 별이 내 가슴에 빛나기 시작해 / 슬픈 노래도 언젠가 그리운 노래가 될 거야 /
보이지 않는 상처가 내 영혼을 물들여

黒い波の向こうに朝の気配がする
消えない星が私の脳に輝き出す
悲しい歌もいつか懐かしい歌になる
見えない傷が私の魂彩る

SEKAI NO OWARI - RAIN

마법은 언젠가 풀릴 거라고 우리들은 알고 있어 / 달이 피어나고 태양이 지금 시들었어 / 우산을 내미는 너에게 비치는 나는 젖어 있지 않아 /
물웅덩이에 비친 나는 비에 젖어 있었어

魔法はいつか解けると僕らは知ってる
月が咲いて太陽が今枯れた
傘を差し出す君に映る僕は濡れてない
水たまりに映る僕は雨に濡れてた

SMAP – 世界に一つだけの花(세상에 하나뿐인 꽃)

꽃가게 앞에 늘어선 여러 꽃을 보고 있었어 / 저마다 각각 취향이 있지만 어느 것이나 다 예쁘구나 / 그중에서 누가 제일이라며 다투지도 않고 / 양동이 안에서 자랑스럽게 활짝 가슴을 펴고 있어

花屋の店先に並んだ いろんな花を見ていた
ひとそれぞれ好みがあるけど どれもみんなきれいだね
この中で誰が一番だなんて争うこともしないで
バケツの中誇らしげにしゃんと胸を張っている

Mr.Children- 終わりなき旅 (끝없는 여행)

가슴에 끌어안은 망설임이 플러스의 힘으로 변하도록 / 항상, 오늘도 우리들은 움직이고 있어 / 싫은 일만 있는 건 아니야 자, 다음 문을 노크해 보자 /
분명 더 커다랄 자신을 찾는 끝없는 여행

胸に抱え込んだ迷いがプラスの力に変わるように
いつも今日だって僕らは動いてる
嫌な事ばかりではないさ さあ次の扉をノックしよう
もっと大きなはずの自分を探す終わりなき旅

AKB48 – 365日の紙飛行機(365일의 종이비행기)

아침의 하늘을 올려다보며 오늘이라는 하루를 / 웃는 얼굴로 있을 수 있게 해 달라고 살짝 기도했어 / 때로는 비도 내리고 눈물도 넘쳐흐르지만 / 생각대로 되지 않는 날은 내일 열심히 하자 / 계속 꾸고 있는 꿈은 내가 한 명 더 있어서 하고 싶은 것을 마음껏 자유롭게 할 수 있는 꿈

朝の空を見上げて 今日という一日が
笑顔でいられるように そっとお願いした
時には雨も降って涙も溢れるけど
思い通りにならない日は明日頑張ろう
ずっと見てる夢は私がもう一人いて
やりたいこと好きなように自由にできる夢

SMAP - オレンジ(오렌지)

작은 어깨에 짊어진 우리들의 미래는 / 꼭 오늘의 석양처럼 흔들리고 있었던 것일까 / 장난스러운 날씨, 비가 버스를 앞지르고 /
오렌지 알갱이가 거리에 빛나고 있어 / 자전거를 타고 멀리 돌아갔던 귀갓길 / 등에 따뜻한 고동을 느끼고 있었어

小さな肩に背負い込んだ僕らの未来は
ちょうど今日の夕日のように揺れてたのかなぁ
イタズラな天気雨がバスを追い越して
オレンジの粒が街に輝いている
遠回りをした自転車の帰り道
背中にあたたかな鼓動を感じてた

ARASHI - ふるさと (고향)

석양이 다가오는 하늘에서 구름 기차를 발견했어 / 그리운 냄새가 나는 거리로 돌아가고 싶어져 / 오로지 시간을 더해가며 추억을 잣는 사람들 / 한 사람 한 사람의 미소가 지금 내 곁에 / 만나고 싶은 사람이 그곳에 있어 / 다정한 마음으로 기다리고 있어

夕暮れ迫まる空に雲の汽車見つけた
なつかしい匂いの町に帰りたくなる
ひたむきに時を重ね想いをつむぐ人たち
ひとりひとりの笑顔がいま僕のそばに
巡りあいたい人がそこにいる
やさしさ広げて待っている

AKB48 – 桜の木になろう (벗나무가 되자)

봄빛의 하늘 아래를 너는 혼자 걷기 시작해 / 언젠가 꾸었던 꿈처럼 그려온 기나긴 길 / 교복과 지나온 날들을 오늘의 추억으로 담아 두고 /
새롭게 다시 태어나는 그 등을 지켜보고 있어 / 불안한 듯 돌아보는 네가 무리하며 미소 지었을 때 / 뺨에 떨어진 눈물은 어른이 되기 위한 마침표

春色の空の下を君は一人で歩き始めるんだ
いつか見た夢のように描いて来た長い道
制服と過ぎた日々を今日の思い出にしまい込んで
新しく生まれ変わるその背中を見守ってる
不安そうに振り向く君が無理に微笑んだ時
頬に落ちた涙は大人になるためのピリオド

ZARD - 負けないで (지지 마)

우연한 순간에 시선이 부딪쳐 / 행복의 두근거림 기억하고 있겠지? / 파스텔 컬러의 계절에 사랑했던 / 그날처럼 빛나는 당신으로 있어 줘 / 지지 마, 마지막까지 조금 더 달려 나가 / 아무리 떨어져 있어도 마음은 곁에 있어 / 좋아 가 아득한 꿈을

ふとした瞬間に視線がぶつかる
幸運のときめき覚えているでしょ
パステルカラーの季節に恋した
あの日のように輝いてるあなたでいてね
負けないでもう少し最後まで走り抜けて
どんなに離れてても心はそばにいるわ
追いかけて遥かな夢を

いきものがかり – **青春ライン**(청춘 라인)

반짝반짝 빛나는 청춘 라인을 우리들은 지금 달리기 시작해 / 이어지는 추억을 꿈의 끝까지 / 여름의 운동장, 우리들은 천진하게 흰 선을 뛰어넘어 가 / 태양마저도 손이 닿을 것 같아서 아무것도 무섭지 않았어 / 너와 하늘에 그렸던 꿈은 몇 개나 될까 / 등을 토닥여 준 그 손을 강하게 잡았어

きらきらひかる青春ラインを僕らは今走り出すよ

つなぐ想いを夢の先まで

夏のグランド僕らは無邪気に白線を飛び越えていく

太陽さえも手が届きそうで何も怖くなかった

君と空に描いた夢はいくつになるだろう

背中を叩いてくれたその手を強く握った

佐藤 さとう　佐藤 さとう
사토

鈴木 すずき　鈴木 すずき
스즈키

高橋 たかはし　高橋 たかはし
다카하시

渡辺 わたなべ　渡辺 わたなべ
와타나베

山本 やまもと　山本 やまもと
야마모토

中村 なかむら　中村 なかむら
나카무라

小林 こばやし　小林 こばやし
고바야시

森 もり 森 もり
모리

佐々木 ささき 佐々木 ささき
사사키

松本 まつもと 松本 まつもと
마쓰모토

井上 いのうえ 井上 いのうえ
이노우에

吉田 よしだ 吉田 よしだ
요시다

石川 いしかわ 石川 いしかわ
이시카와

中島 なかじま 中島 なかじま
나카지마

일본의
대표적인 이름(성)을
써 보세요.

キム キム
김

イ イ
이

パク パク
박

カン カン
강

チョ チョ
조

ユン ユン
윤

シム シム
심

クォン クォン
권

クック クック
곽

チャン チャン
장

ファン ファン
황

チェ チェ
최, 채

チョン チョン
정, 전, 천

ソン ソン
손, 송, 성

나의 성은 일본어로
어떻게 쓸까?

손글씨 문장 읽기

68p

××× 인사말 쓰기

こんにちは 안녕하세요(낮 인사)

バイバイ 바이바이

ごめんなさい 미안해요

大丈夫です 괜찮아요

おめでとう 축하해

ありがとう 고마워

おやすみ 잘 자

元気にしてる? 잘 지내?

お大事に 몸조리 잘 하세요

お疲れ様でした 수고 많으셨어요

行ってきます 다녀오겠습니다

行ってらっしゃい 다녀오세요

よろしくお願いします 잘 부탁드립니다

よいお年を 연말 잘 보내세요

メリークリスマス 메리 크리스마스

明けましておめでとう 새해 복 많이 받아(신년 인사)

72p

××× 영화 제목 쓰기

舟を編む 배를 엮다

天国の本屋 천국의 책방

耳をすませば 귀를 기울이면

四月は君の嘘 4월은 너의 거짓말

海よりもまだ深く 바다보다도 더 깊게

亀は意外と速く泳ぐ
거북이는 의외로 빨리 헤엄친다

僕らは奇跡でできている
우리들은 기적으로 이루어져 있다

泣かないと決めた日 울지 않기로 정한 날

心が叫びたがってるんだ 마음이 외치고 싶어 해

最高の人生の見つけ方 최고의 인생을 발견하는 법

世界から猫が消えたなら 세상에서 고양이가 사라진다면

逃げるは恥だが役に立つ 도망치는 건 부끄럽지만 도움이

114

世界の中心で、愛をさけぶ
세상의 중심에서 사랑을 외치다

ちょっと今から仕事やめてくる
잠깐만 회사 좀 관두고 올게

さよならの朝に約束の花をかざろう
이별의 아침에 약속의 꽃을 장식하자

雨の日は会えない、晴れた日は君を想う
비 오는 날은 만날 수 없어, 맑은 날은 너를 생각해

76p

××× 짧은 문장 쓰기 ①

一期一会 일생에 한 번만 만나는 인연

急がば回れ 급할수록 돌아가라

知らぬが仏 모르는 게 약이다

七転び八起き 칠전팔기

負けるが勝ち 지는 것이 이기는 것

親の心子知らず 부모 마음을 자식은 모른다

雨降って地固まる 비 온 뒤에 땅이 굳는다

石橋をたたいて渡る 돌다리도 두들겨 보고 건너라

魚心あれば水心 오는 정이 있어야 가는 정이 있다

親しき仲にも礼儀あり
친한 사이에도 예의는 지켜야 한다

会うは別れの始め 만남은 헤어짐의 시작

好きこそ物の上手なれ
좋아서 하는 일이 곧 숙달하는 길이다

千里の道も一歩より 천 리 길도 한 걸음부터

目は口ほどに物を言う 눈은 입만큼 말을 한다

猫の手も借りたい 고양이 손이라도 빌리고 싶다

天は自ら助くる者を助く
하늘은 스스로 돕는 자를 돕는다

80p

××× 짧은 문장 쓰기 ②

変わらないのは、ときめく気持ち。
변하지 않는 것은 설레는 마음.

太陽が輝くかぎり、希望もまた輝く。
태양이 빛나는 한 희망도 다시 빛난다.

すべての不幸は未来への踏み台にすぎない。
모든 불행은 미래를 위한 발판에 불과하다.

挑戦した後の失敗より、何もしない事を恐れろ。
도전한 뒤의 실패보다 아무것도 하지 않는 것을 두려워하라.

今日という日は、残りの人生の最初の日である。 오늘은 남은 인생의 첫날이다.

努力する人は希望を語り、怠ける人は不満を語る。
노력하는 사람은 희망을 이야기하고, 게으름 피우는 사람은 불만을 이야기한다.

下を向いていたら、虹を見つけることは出来ないよ。
아래를 보고 있으면 무지개를 발견할 수 없어.

光の中を一人で歩くより、暗闇の中を友人と歩くほうがいい。
빛 속을 혼자서 걷기보다, 어둠 속을 친구와 걷는 쪽이 낫다.

ひとつのドアが閉まっている時、もっとたくさんのドアが開いているんだよ。
하나의 문이 닫혀 있을 때, 더욱 많은 문이 열려 있는 거야.

恋愛が与える最大の幸福は、愛する人の手をはじめて握ることである。
연애가 주는 최대의 행복은 사랑하는 사람의 손을 처음으로 잡는 것이다.

敵に勝つよりも、もっと大事なことは 常に自分をレベルアップすること。
적에게 이기는 것보다도 더욱 중요한 것은 항상 자신을 레벨업하는 것.

勇気とは、恐怖心を抱いていないことではなく、恐怖心を抱いていても行動する

度胸があることだ。
용기란, 공포심을 갖고 있지 않은 것이 아니라 공포심을 갖고 있으면서도 행동하는 배짱이 있는 것이다.

×××명대사 쓰기

左手はそえるだけ…。 왼손은 거들 뿐….

真実はいつも一つ! 진실은 언제나 하나!

自分の名前を大事にね。 자신의 이름을 소중히 하렴.

チャンスは、準備された心に降り立つ。
찬스는 준비된 마음에 내려선다.

ピンチの時には必ずヒーローが現れる。
위험할 때는 반드시 영웅이 나타난다.

この世に偶然はない、あるのは必然だけ。
이 세상에 우연은 없어, 있는 것은 필연뿐.

才能は開花させるもの、センスは磨くもの。
재능은 피워내는 것, 센스는 갈고 닦는 것.

人が恋に落ちる瞬間をはじめて見てしまった。
사람이 사랑에 빠지는 순간을 처음으로 보고 말았다.

意味のないことをたくさんするのが人生なんじゃよ。
의미가 없는 일을 잔뜩 하는 게 인생인 거야.

ようやく守らなければならないものができたんだ。君だ。
이제서야 지켜야만 하는 것이 생겼어. 너야.

思ったとおりにならなかった楽しさというのもあるものさ。
생각한 대로 되지 않은 즐거움이란 것도 있는 거야.

「負けたことがある」というのが、いつか大きな財産になる。
'져 본 적이 있다'는 것이 언젠가 큰 재산이 된다.

117

毎日の小さな努力のつみ重ねが、歴史を作っていくんだよ！

매일 쌓는 작은 노력이, 역사를 만들어 가는 거야!

いいじゃないか、転んだって。また起き上がればいいんだから。

괜찮잖아. 넘어져도. 다시 일어나면 되니까.

人間の値うちは、テストの点数だけできまるものじゃないのよ。

사람의 가치는 시험 점수만으로 정해지는 게 아니야.

名前を呼ばれたあの瞬間、私はもう恋に落ちていたんだな。

이름을 불린 그 순간, 나는 이미 사랑에 빠져 있었던 거야.

誰にも見られてなくても気づかれない努力だとしてもそれでも頑張ることって大切だと思うんです。

아무도 봐 주지 않더라도, 알아주지 않는 노력이라 할지라도, 그래도 열심히 하는 건 중요하다고 생각해요.

きみはかんちがいしてるんだ。道をえらぶということはかならずしも歩きやすい安全な道をえらぶことじゃないんだぞ。

너는 착각하고 있어. 길을 고른다는 것은 반드시 걷기 편한 안전한 길을 고른다는 게 아니야.

自分の信じる通りやってごらん。でもなあ、人と違う生き方は、それなりにしんどいぞ。何が起きても、誰のせいにもできないからね。

자신이 믿는 대로 해 보렴. 하지만 남과 다른 삶은 그만큼 힘들단다. 무슨 일이 일어나도 누구의 탓도 할 수 없으니까.

何かを探すんだったら道をまちがえちゃいけないよ。ひとつでもまちがえるともう見つからないよ。でもまちがっても大丈夫。別なものが見つかるから。

무언가를 찾는 거라면 길을 틀려선 안 돼. 하나라도 틀리면 더이상 찾을 수 없어. 하지만 틀려도 괜찮아. 다른 게 발견되니까.

××× 노래 가사 쓰기

UTADA HIKARU - 道(みち) 🎵

黒い波の向こうに朝の気配がする / 消えない星が私の胸に輝き出す / 悲しい歌も
いつか懐かしい歌になる / 見えない傷が私の魂彩る

검은 파도 저편에 아침의 기운이 느껴져 / 사라지지 않는 별이 내 가슴에 빛나기 시작해 / 슬픈 노래도
언젠가 그리운 노래가 될 거야 / 보이지 않는 상처가 내 영혼을 물들여

SEKAI NO OWARI - RAIN 🎵

魔法はいつか解けると僕らは知ってる / 月が咲いて太陽が今枯れた / 傘を差し出
す君に映る僕は濡れてない / 水たまりに映る僕は雨に濡れてた

마법은 언젠가 풀릴 거라고 우리들은 알고 있어 / 달이 피어나고 태양이 지금 시들었어 / 우산을 내미는
너에게 비치는 나는 젖어 있지 않아 / 물웅덩이에 비친 나는 비에 젖어 있었어

SMAP - 世界(せかい)に一(ひと)つだけの花(はな) 🎵

花屋の店先に並んだいろんな花を見ていた / ひとそれぞれ好みがあるけどどれも
みんなきれいだね / この中で誰が一番だなんて争うこともしないで / バケツの中
誇らしげにしゃんと胸を張っている

꽃가게 앞에 늘어선 여러 꽃을 보고 있었어 / 저마다 각각 취향이 있지만 어느 것이나 다 예쁘구나 / 그
중에서 누가 제일이라며 다투지도 않고 / 양동이 안에서 자랑스럽게 활짝 가슴을 펴고 있어

Mr.Children- 終(お)わりなき旅(たび) 🎵

胸に抱え込んだ迷いがプラスの力に変わるように / いつも今日だって僕らは動い
てる / 嫌な事ばかりではないさ さあ次の扉をノックしよう / もっと大きなはずの
自分を探す終わりなき旅

가슴에 끌어안은 망설임이 플러스의 힘으로 변하도록 / 항상, 오늘도 우리들은 움직이고 있어 / 싫은 일만 있는 건 아니야 자, 다음 문을 노크해 보자 / 분명 더 커다랄 자신을 찾는 끝없는 여행

AKB48 - 365日(にち)の紙飛行機(かみひこうき) ♪

朝の空を見上げて今日という一日が / 笑顔でいられるようにそっとお願いした / 時には雨も降って涙も溢れるけど / 思い通りにならない日は明日頑張ろう / ずっと見てる夢は私がもう一人いてやりたいこと好きなように自由にできる夢

아침의 하늘을 올려다보며 오늘이라는 하루를 / 웃는 얼굴로 있을 수 있게 해 달라고 살짝 기도했어 / 때로는 비도 내리고 눈물도 넘쳐흐르지만 / 생각대로 되지 않는 날은 내일 열심히 하자 / 계속 꾸고 있는 꿈은 내가 한 명 더 있어서 하고 싶은 것을 마음껏 자유롭게 할 수 있는 꿈

SMAP - オレンジ ♪

小さな肩に背負い込んだ僕らの未来は / ちょうど今日の夕日のように揺れてたのかなぁ / イタズラな天気雨がバスを追い越して / オレンジの粒が街に輝いている / 遠回りをした自転車の帰り道 / 背中にあたたかな鼓動を感じてた

작은 어깨에 짊어진 우리들의 미래는 / 꼭 오늘의 석양처럼 흔들리고 있었던 것일까 / 장난스러운 날씨, 비가 버스를 앞지르고 / 오렌지 알갱이가 거리에 빛나고 있어 / 자전거를 타고 멀리 돌아갔던 귀갓길 / 등에 따뜻한 고동을 느끼고 있었어

#ARASHI - ふるさと ♪

夕暮れ迫る空に雲の汽車見つけた / なつかしい匂いの町に帰りたくなる / ひたむきに時を重ね想いをつむぐ人たち / ひとりひとりの笑顔がいま僕のそばに / 巡りあいたい人がそこにいる / やさしさ広げて待っている

석양이 다가오는 하늘에서 구름 기차를 발견했어 / 그리운 냄새가 나는 거리로 돌아가고 싶어져 / 오로지 시간을 더해가며 추억을 잣는 사람들 / 한 사람 한 사람의 미소가 지금 내 곁에 / 만나고 싶은 사람이 그곳에 있어 / 다정한 마음으로 기다리고 있어

AKB48 - 桜(さくら)の木(き)になろう ♫

春色(はるいろ)の空(そら)の下(した)を君(きみ)は一人(ひとり)で歩(ある)き始(はじ)めるんだ / いつか見(み)た夢(ゆめ)のように描(えが)いて来(き)た長(なが)い道(みち) / 制服(せいふく)と過(す)ぎた日々(ひび)を今日(きょう)の思(おも)い出(で)にしまい込(こ)んで / 新(あたら)しく生(う)まれ変(か)わるその背中(せなか)を見守(みまも)ってる / 不安(ふあん)そうに振(ふ)り向(む)く君(きみ)が無理(むり)に微笑(ほほえ)んだ時(とき) / 頬(ほほ)に落(お)ちた涙(なみだ)は大人(おとな)になるためのピリオド

봄빛의 하늘 아래를 너는 혼자 걷기 시작해 / 언젠가 꾸었던 꿈처럼 그려온 기나긴 길 / 교복과 지나온 날들을 오늘의 추억으로 담아 두고 / 새롭게 다시 태어나는 그 등을 지켜보고 있어 / 불안한 듯 돌아보는 네가 무리하며 미소 지었을 때 / 뺨에 떨어진 눈물은 어른이 되기 위한 마침표

ZARD - 負(ま)けないで ♫

ふとした瞬間(しゅんかん)に視線(しせん)がぶつかる / 幸運(しあわせ)のときめき覚(おぼ)えているでしょ / パステルカラーの季節(きせつ)に恋(こい)した / あの日(ひ)のように輝(かがや)いてるあなたでいてね / 負(ま)けないでもう少(すこ)し最後(さいご)まで走(はし)り抜(ぬ)けて / どんなに離(はな)れてても心(こころ)はそばにいるわ / 追(お)いかけて遥(はる)かな夢(ゆめ)を

우연한 순간에 시선이 부딪쳐 / 행복의 두근거림 기억하고 있겠지? / 파스텔 컬러의 계절에 사랑했던 / 그날처럼 빛나는 당신으로 있어 줘 / 지지 마, 마지막까지 조금 더 달려 나가 / 아무리 떨어져 있어도 마음은 곁에 있어 / 좇아 가 아득한 꿈을

いきものがかり - 青春(せいしゅん)ライン ♫

きらきらひかる青春(せいしゅん)ラインを僕(ぼく)らは今(いま)走(はし)り出(だ)すよ / つなぐ想(おも)いを夢(ゆめ)の先(さき)まで / 夏(なつ)のグランド僕(ぼく)らは無邪気(むじゃき)に白線(はくせん)を飛(と)び越(こ)えていく / 太陽(たいよう)さえも手(て)が届(とど)きそうで何(なに)も怖(こわ)くなかった / 君(きみ)と空(そら)に描(えが)いた夢(ゆめ)はいくつになるだろう / 背中(せなか)を叩(たた)いてくれたその手(て)を強(つよ)く握(にぎ)った

반짝반짝 빛나는 청춘 라인을 우리들은 지금 달리기 시작해 / 이어지는 추억을 꿈의 끝까지 / 여름의 운동장, 우리들은 천진하게 흰 선을 뛰어넘어 가 / 태양마저도 손이 닿을 것 같아서 아무것도 무섭지 않았어 / 너와 하늘에 그렸던 꿈은 몇 개나 될까 / 등을 토닥여 준 그 손을 강하게 잡았어

fin.

내 마음대로
연습장

쓰고 싶은
문장을 자유롭게
써 보세요~

내 마음대로
연습장

ダイエットは明日から。

다이어트는 내일부터.

ダイエットは明日(あした)から。

(daiettowa ashitakara)

다이어트는 내일부터(daiettowa ashitakara)

君に幸あれ!

너에게 행복이 있길!

君(きみ)に幸(さち)あれ！

(kimini sachi are)

気軽に行こう。

가벼운 마음으로 가자.

気軽(きがる)に行(い)こう。

(kigaruni ikou)

가벼운 마음으로 가자(kigaruni ikou)

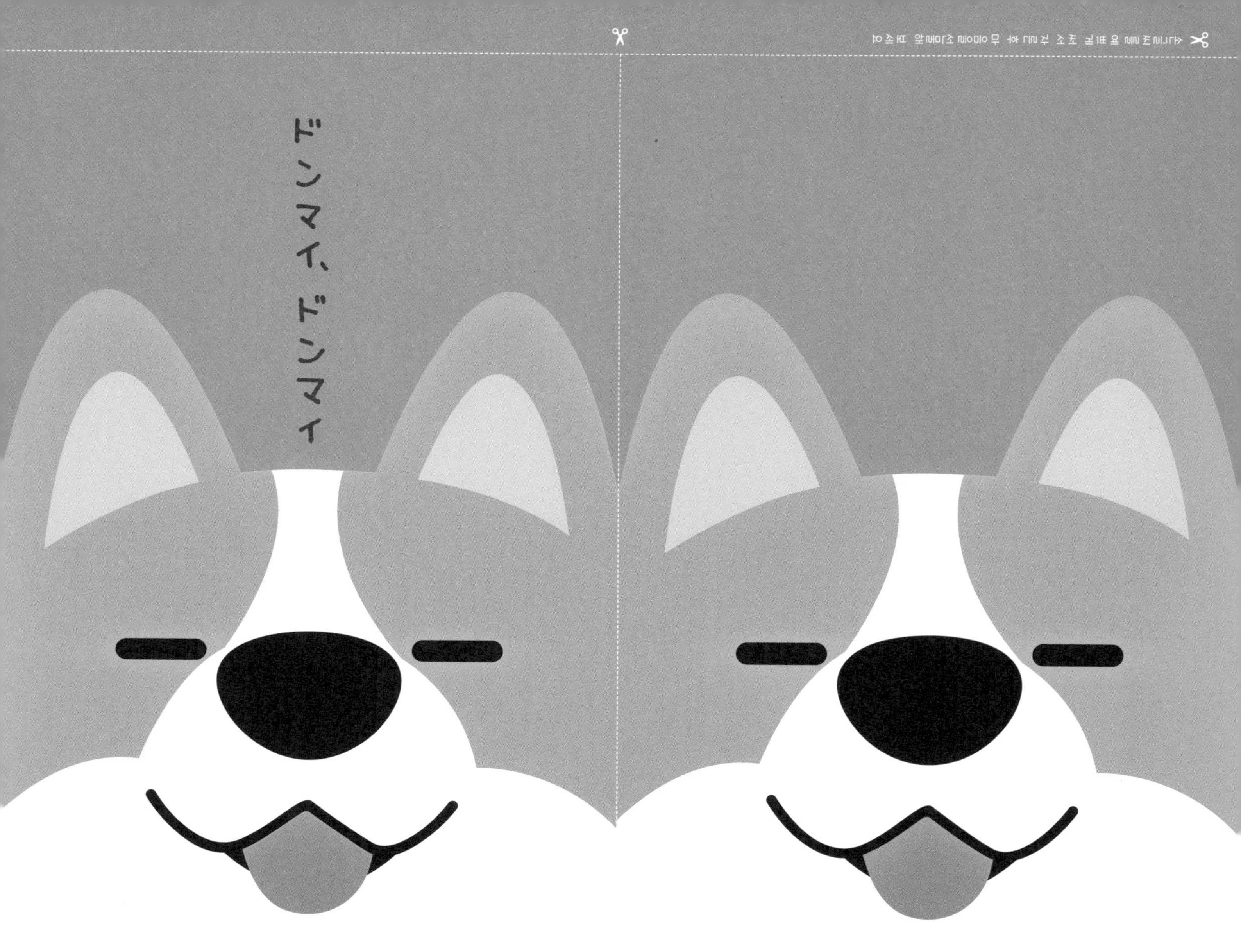
손글씨를 예쁘게 써서 자른 후 마음을 선물해 보세요
ドンマイ、ドンマイ

신경쓰지 마(donmai donmai)

신경쓰지 마

ドンマイ、ドンマイ

(donmai donmai)

バッテリー切れ

방전됐어

バッテリー切(ぎ)れ

×_×
___

(batteri gire)

방전됐어(batteri gire)

今のままの  あなたでいて。

지금 그대로의 너로 있어 줘.

今(いま)のままのあなたでいて。

(imano mamano anatade ite)

지금 그대로의 너로 있어 줘(imano mamano anatade ite)

胸 キュ ン し ちゃ い ま し た 。

✂

심쿵해 버렸어요.

胸(むね)キュンしちゃいました。

(munekyun shichaimashita)

おいしく食べれば
ゼロカロリー

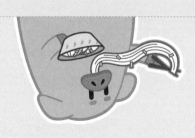

맛있게 먹으면 0칼로리

おいしく食(た)べればゼロカロリー

(oishiku tabereba zero karori-)

맛있게 먹으면 0칼로리(oishiku tabereba zero karori-)

나만 없어, 고양이.

私(わたし)だけネコがいない。

(watashidake nekoga inai)

나만 없어, 고양이(watashidake nekoga inai)

布団の外は  危ない。

이불 밖은 위험해.

布団(ふとん)の外(そと)は危(あぶ)ない。

(hutonno sotowa abunai)

이불 밖은 위험해(hutonno sotowa abunai)

一休みが大事だよ。

잠깐의 휴식이 중요해.

一休(ひとやす)みが大事(だいじ)だよ。

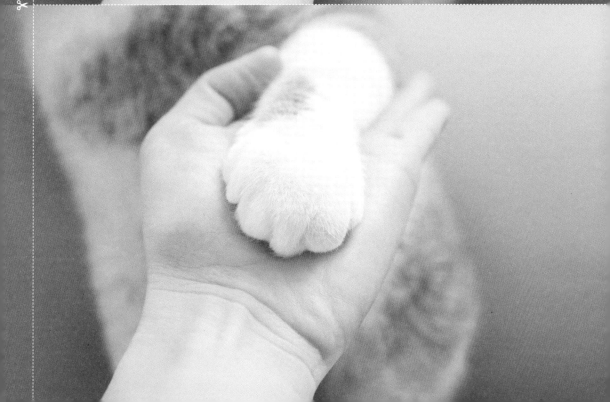

ネコの手、
貸しますよ。

고양이 손, 빌려줄게요.

ネコの手(て)、貸(か)しますよ。

(nekono te, kashimasuyo)

고양이 손, 빌려줄게요(nekono te, kashimasuyo)

わたしに惚れると
やけどするわよ。

나한테 반하면 다쳐.

わたしに惚(ほ)れるとやけどするわよ。

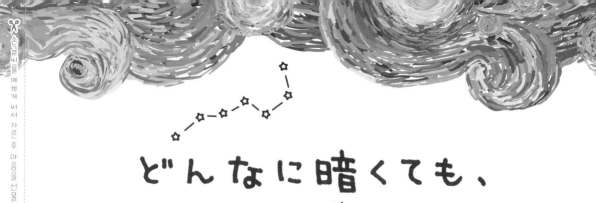

どんなに暗くても、
星は輝いているよ。

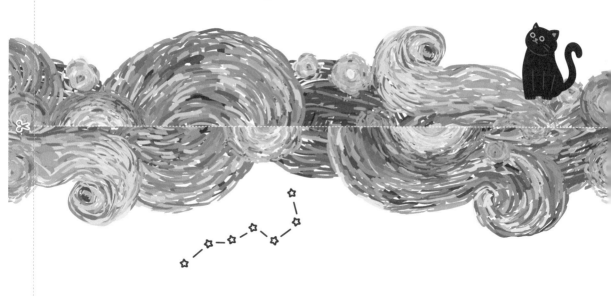

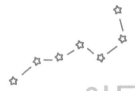

아무리 어두워도
별은 빛나고 있어.

どんなに暗(くら)くても、
星(ほし)は輝(かがや)いているよ。

(donnani kurakutemo hoshiwa kagayaite iruyo)

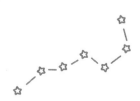

아무리 어두워도 별은 빛나고 있어(donnani kurakutemo hoshiwa kagayaite iruyo)

そばにいてくれて
いつもありがとう。

곁에 있어 줘서 항상 고마워.

そばにいてくれていつもありがとう。

(sobani ite kurete itsumo arigatou)

곁에 있어 줘서 항상 고마워(sobani ite kurete itsumo arigatou)

音楽を聞いて テンションあげよう♪

음악을 듣고 텐션을 올리자♪

音楽(おんがく)を聞(き)いてテンションあげよう♪

시즈의 손글씨 스티커

誕生日
생일 (たんじょうび)

誕生日

誕生日

記念日
기념일 (きねんび)

お買い物
쇼핑 (おかいもの)

お買い物

お買い物

記念日

勉強会
스터디
(べんきょうかい)

勉強会

勉強会

パーティー
파티

デート
데이트

テスト
시험

テスト

テスト

パーティー

デート

テスト

ネイルサロン
네일숍

ネイルサロン

クリスマス
크리스마스

結婚式
결혼식
(けっこんしき)

結婚式

映画

映画

映画
영화 (えいが)

予約
예약 (よやく)

予約

映画

-1-

시즈의 손글씨 스티커

旅行
여행(りょこう)

旅行

バイト
아르바이트

バイト

ファイト!
파이팅

ファイト!

晴れ
맑음(はれ)

晴れ

晴れ

ボーナス
보너스

ボーナス

ミーティング
미팅

ミーティング

ヘアサロン

ヘアサロン
미용실

面接
면접(めんせつ)

面接

雨
비(あめ)

雨

雪
눈(ゆき)

雪

出張
출장
(しゅっちょう)

出張

ヘアサロン

カラオケ
노래방

カラオケ

くもり
흐림

くもり

お給料日
월급날(おきゅうりょうび)

お給料日

お給料日

病院
병원(びょういん)

病院

病院

カフェ
카페

カフェ

カフェ

カフェ

ランチ
런치

ランチ

ランチ

ランチ

夏休み
여름방학
(なつやすみ)

夏休み

コンサート
콘서트

コンサート

コンサート

運動
운동(うんどう)

冬休み
겨울방학
(ふゆやすみ)

冬休み

ピクニック

ピクニック

피크닉

運動

運動

にこにこ
싱글벙글

にこにこ

ダイエット

ダイエット

ダイエット
다이어트

시즈의 손글씨 스티커

しょんぼり

시무룩

しょんぼり

ラブ ラブ

ラブ ラブ

러브러브

PPT

プレゼン

DOC

プレゼン

プレゼン

프레젠테이션

ラブ ラブ

ラブ ラブ

歓迎会

환영회(かんげいかい)

歓迎会

プレゼン

XLS

プレゼン

飲み会

회식(のみかい)

飲み会

残業

야근(ざんぎょう)

飲み会

残業

残業

資格試験

資格試験

자격증시험
(しかくしけん)

有給

有給

有給

資格試験

資格試験

유급휴가
(ゆうきゅう)

-4-